DER DEFINITIVE LEITFADEN ZUR BEHERRSCHUNG VON BITCOIN & KRYPTOWÄHRUNGEN

Handeln & Investieren Sie Kryptowährungen

mit Zuversicht

WAYNE WALKER

© Copyright 2018 by Wayne Walker, Alle Rechte vorbehalten.

Dieses Buch wurde mit dem Ziel geschrieben, möglichst genaue und zuverlässige Informationen bereitzustellen. Bevor Sie eine der hier empfohlenen Maßnahmen ergreifen, sollten Sie bei Bedarf Fachleute zu Rate ziehen.

Diese Erklärung wird sowohl von der American Bar Association als auch vom Committee of Publishers Association als fair und gültig angesehen und ist in den gesamten Vereinigten Staaten rechtsverbindlich.

Darüber hinaus wird die Übertragung, Vervielfältigung oder Reproduktion eines der folgenden Werke, einschließlich präziser Informationen, als illegale Handlung betrachtet, unabhängig davon, ob sie elektronisch oder in gedruckter Form erfolgt. Die Rechtswidrigkeit erstreckt sich auch auf die Erstellung einer Zweit- oder Drittkopie des Werkes oder einer aufgezeichneten Kopie und ist nur mit ausdrücklicher schriftlicher Genehmigung des Verlages erlaubt. Alle weiteren Rechte sind vorbehalten.

Die Informationen auf den folgenden Seiten werden im Großen und Ganzen als wahrheitsgemäße und genaue Darstellung von Tatsachen betrachtet, und als solche werden jegliche Unachtsamkeit, Verwendung oder Missbrauch der fraglichen Informationen durch den Leser dazu führen, dass alle daraus resultierenden Handlungen ausschließlich in dessen Verantwortung liegen. Es gibt keine Szenarien, in denen der Herausgeber oder der ursprüngliche Autor dieses Werkes in irgendeiner Weise für Härten oder Schäden haftbar gemacht werden kann, die ihnen nach der Aufnahme der hier beschriebenen Informationen entstehen könnten.

Inhaltsverzeichnis

EINFÜHRUNG 5

KAPITEL 1: Was ist Bitcoin (BTC)? 7

KAPITEL 2: Die Mechanik von Bitcoin 15

KAPITEL 3: Bitcoin-Mining 21

KAPITEL 4: Bitcoin-Community und Richtlinien 25

KAPITEL 5: Vorschriften 29

KAPITEL 6: Handel mit Bitcoin und Altcoins 33

KAPITEL 7: Handelstaktiken 41

KAPITEL 8: Alles zusammenfügen 47

KAPITEL 9: Werkzeugkasten für die kryptotechnische Analyse 55

KAPITEL 10: Die häufigsten Argumente gegen Bitcoin und Kryptos - mit Antworten 67

KAPITEL 11: Was in naher Zukunft zu erwarten ist 71

FAZIT 77

PROFIL DES AUTORS 79

GRUNDLEGENDES BITCOIN-VOKABULAR 81

EINFÜHRUNG

Herzlichen Glückwunsch zu Ihrem persönlichen Exemplar von *Der definitive Leitfaden zur Beherrschung von Bitcoin & Kryptowährungen*. Wir beginnen unsere Reise weg von der Welt der staatlich ausgegebenen Währungen hin zu Kryptowährungen. Die ersten fünf Kapitel geben Ihnen eine solide Einführung in das Kryptowährungsuniversum, wo Sie in eine breite Palette von Themen von Blockchain bis Mining eingeführt werden. Sie werden auch ein breites und tiefes Verständnis für die Mechanik hinter einer der beliebtesten Kryptowährungen erwerben. In den verbleibenden Kapiteln verschiebt sich der Schwerpunkt auf praktische Anwendungen für den Handel. Sie werden in Handelsstrategien eingeführt, zusammen mit dem Know-how, wie man sie anwendet. Sie werden auch lernen, praktische technische Analyse-Indikatoren zu nutzen, die Ihre Fähigkeit, Geld zu verdienen, erhöhen können. Dazu gehört auch der oft übersehene Bereich der Trader-Psychologie. Diese Abschnitte sind ein Bonus für Trader aller Art. Danke, dass Sie sich für dieses Buch entschieden haben!

Hinweis: Im gesamten Buch werden die Begriffe digital, Krypto und Kryptowährung synonym verwendet.

KAPITEL 1:
Was ist Bitcoin (BTC)?

Bitcoin ist eine dezentrale digitale Währung (ein digitales Asset). Es ist keine Aktie, kein materieller Vermögenswert oder eine tatsächliche Münze. Keine Regierung besitzt es. Sie können Geld schnell und ohne Regierungen oder Banken gegen eine geringe Gebühr überweisen. In seiner Grundform ist es ein großes Tabellenblatt, ein sicheres öffentliches Hauptbuch. Bevor es Geld gab, gab es Hauptbücher. Auf diese Weise hielten primitive Gesellschaften fest, wer was hatte und tat. Kryptowährungen, wie viele sagen, sind eine natürliche Entwicklung in der Geschichte des Geldes, vom Tauschhandel, zu Münzen, zu Papiergeld, zu digital.

Sicher?

Wie sicher ist es? Was wäre, wenn jemand oder eine Gruppe das Ledger hacken würde? Selbst wenn 40-49% gehackt wurden, würde die Mehrheit die richtigen Informationen haben (das Ledger ist dezentralisiert). Solange die Mehrheit der Ledger übereinstimmt, ist die Transaktion gültig. Wenn eine Entität einen 51%igen (Mehrheits-)Angriff versucht, sollten Sie sich bewusst sein, dass ein Angriff dieser Größenordnung Mittel im Bereich von 500 Millionen Dollar erfordern würde, um ihn durchzuführen. Außerdem würde ein Angriff dieser Größenordnung relativ schnell vom Netzwerk bemerkt werden.

Schlüssel und Wallets

Es gibt einen geheimen privaten Schlüssel und einen öffentlichen Prüfschlüssel. Mit dem privaten Schlüssel haben Sie Zugriff auf Ihr Konto. Der öffentliche Schlüssel wird verwendet, um Geld zu senden oder zu empfangen. Wenn Sie den privaten Schlüssel nicht haben, können Sie keine Münze bewegen. Ihre "Wallet" enthält Ihren privaten Schlüssel. Eine Bitcoin-Wallet ist grob das Äquivalent einer physischen Geldbörse. Ihr Wallet zeigt auch Ihre Transaktionen im Ledger an.

Warum Bitcoin (BTC)?

Geld zu bewegen oder Transaktionen abzuwickeln ist teuer und umständlich. Es gibt die Hindernisse von Währungsspannen, Steuern, Bankgebühren und Transaktionstagen. Die durchschnittliche Gebühr für Auslandsüberweisungen in den Vereinigten Staaten und anderswo ist teuer. Von den Schatzmeistern der Unternehmen bis hin zu den Migranten, die Geld nach Hause zu den Verwandten schicken wollen, sind alle von den traditionellen Überweisungsgebühren abgeschreckt. Mit Bitcoin kann Geld für eine geringe Gebühr bewegt werden. Dies hat die Fähigkeit, Milliarden von Personen zu unterstützen, die keinen Zugang zu Bankdienstleistungen haben. Dies ist auch eine Option für diejenigen, die unter hoher Inflation und Währungskontrollen in Ländern (zum Zeitpunkt des Schreibens) wie Venezuela, Simbabwe, etc. leiden.

Eine grundlegende BTC-Transaktion

A) Sarah möchte Phillip 20 Bitcoins schicken

B) Sarah hat 100 Bitcoins

C) Sarah bereitet eine "Transaktion" vor und sendet sie auf die Blockchain*.

D) Genügend "Miner" bestätigen, dass die Transaktionen in einem Block* legitim sind. Phillip entscheidet, wie viel Validierung er braucht. Selbst wenn ein paar Miner nicht vertrauenswürdig sind, wird der Großteil von ihnen es sein und wir können darauf vertrauen, dass die Transaktion zwischen ihnen gültig ist.

E) Bitcoins werden übertragen

*Blockchain: Eine **öffentliche** Aufzeichnung/Ledger von Bitcoin-Transaktionen

*Block: Ist ein Datensatz in der Blockchain, der wartende Transaktionen enthält und bestätigt

BTC-Befürworter

Die Liste der Personen, die Bitcoin positiv gegenüberstehen, umfasst einflussreiche Namen wie Bill Gates, Richard Branson und Peter Thiel. Andere Unterstützer sind Risikokapitalgeber (VC's) und Bitcoin-Startups mit bisher über 1 Milliarde US Dollar Investitionsvolumen. Ein weiteres Beispiel ist BitAngels, eine auf Bitcoin fokussierte Investorengruppe, die sich um die Skalierung von Startups kümmert.

Einige der großen Unternehmen, die Bitcoin-Zahlungen in Erwägung ziehen oder bereits akzeptieren, sind: Subway, Wordpress, Virgin Galactic, Reddit, Wikipedia, Shopify, OKCupid, Amazon, Paypal und Ebay. Dies ist nur eine Momentaufnahme. Für Kleinunternehmer schafft dies einen neuen Pool an potenziellen Kunden.

Bitcoin-Geschichte (Kurzversion)
Satoshi Nakamoto: Was wir wissen

- Autor des Whitepapers und der Original-Bitcoin-Software
- Kein echter Name. Die wirkliche Identität ist unbekannt, könnte sein; sie, er, oder Unternehmen
- Seit 2010 kaum noch etwas gehört
- Besitzt viele Bitcoins aus frühem Mining

Geschichte

2009-2011: Enthusiast in Foren, der Ideen verbreitet, aber keine wirkliche Zugkraft. Genesis-Block eingerichtet 3. Januar 2009

2012-13: Erstes bisschen Aufmerksamkeit von Investoren, Risikoträgern, Unternehmern

2013-2014: Große VC's begannen zu investieren

2015: Wall Street und Institutionen begannen ernsthaft zu investieren

2016-gegenwärtig: Einzelhändler, "Mann auf der Straße" kommen in nennenswerter Zahl

Die vielen "Tode" des Bitcoin

Bitcoin ist mehr als 150 Mal "gestorben". Unten sind nur ein paar der wild ungenauen Vorhersagen über den Untergang von Bitcoin.

- 11. August 2013 "Why Bitcoin Is Doomed To Fail" - moneygeek | $93.43
- 16. November 2013 "Bitcoin Is A Joke" - Business Insider | $433.57
- 4. Mai 2017 "Der Anfang vom Ende für Bitcoin" - Daily Reckoning | $1541.90
- 12. Juli 2017 "Bitcoin-Akzeptanz ist praktisch null und schrumpft" - Yahoo Finance | $2410.55

Bitcoin-Abstürze und -Probleme

- 2011-2013: Sahen wir einige große Preisblasen und Crashs
- Februar 2014: Mt. Gox, eine Bitcoin-Börse, meldet in Tokio Konkurs an. Das Unternehmen verlor fast 750.000 Bitcoins seiner Kunden, plus 100.000 eigene, im Wert von rund $473 Millionen zum Zeitpunkt der Anmeldung. Mt. Gox glaubt, dass die Bitcoins gestohlen wurden, und gab Hackern die Schuld.

Anregung: Führen Sie eine Due-Diligence-Prüfung durch, *aber* seien Sie vorsichtig damit, die Ergebnisse eines einzelnen Unternehmens als Urteil über eine ganze Branche zu verwenden.

Bitcoin Anonymous?

Bitcoin ist **nicht zu** 100% anonym, die Adressen sind öffentliche Schlüssel. Die Adressen sind jedoch nicht mit Ihrer realen Identität verbunden. Um eine neue Identität zu erstellen, erstellen Sie einfach einen neuen öffentlichen Schlüssel, dies wird Pseudonymität genannt.

Blockchain-basierte Währungen sind öffentlich und dauerhaft nachvollziehbar, jeder Coin hat eine Historie und man kann alle bisherigen Transaktionen sehen. Echte Anonymität erfordert Pseudonymität und Unverknüpfbarkeit. Mit anderen Worten, verschiedene Transaktionen desselben Benutzers mit dem Netzwerk sollten nicht miteinander verknüpfbar sein. Ohne Anonymität ist die Privatsphäre viel schlechter als beim traditionellen Banking!

Unverknüpfbarkeit

Mit der Unverknüpfbarkeit ist es schwer, die verschiedenen Adressen desselben Benutzers zu verknüpfen. Es ist auch schwierig, verschiedene Transaktionen desselben Benutzers zu verknüpfen und den Absender einer Zahlung mit dem Empfänger zu verknüpfen. Warum wird dies schwierig umzusetzen? Viele Bitcoin-Dienste erfordern mittlerweile eine echte Identität. Zum Beispiel führen Online-Wallets und Börsen, einige regulierte, Aufzeichnungen, die Ihre Anonymität bei diesen Diensten aufheben.

KAPITEL 2:
Die Mechanik von Bitcoin

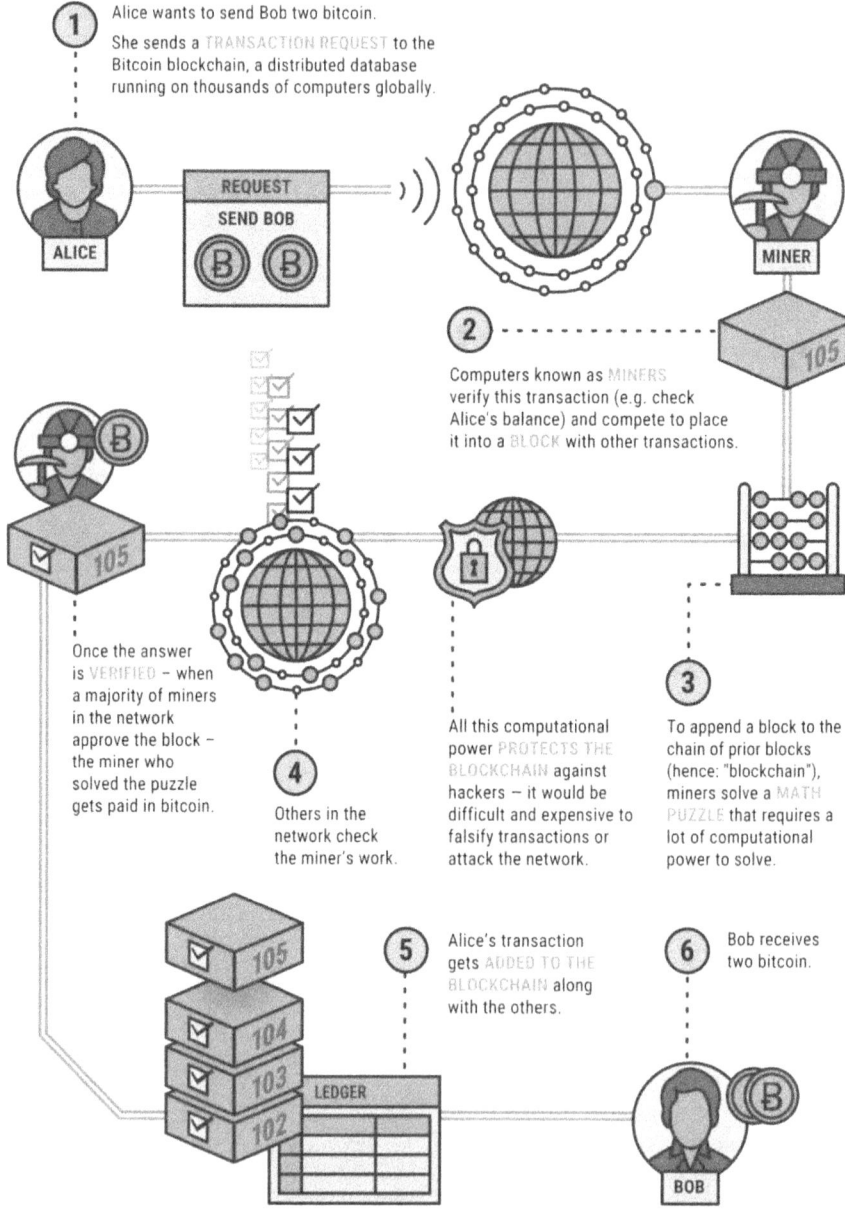

Bitcoin Core Software: Das Regelwerk von Bitcoin

Die Bitcoin Core Software ist Open Source, (MIT Lizenz). Open Source ist Software mit "Quellcode", den jeder einsehen, verändern und verbessern kann. Dieser "Quellcode" ist der Code, den Programmierer manipulieren können, um zu ändern, wie ein Stück Software oder ein Programm funktioniert.

Lagerung von Bitcoins

Wir werden einen Blick auf einige der Möglichkeiten werfen, wie Sie Münzen lagern und im Auge behalten können. Es gibt heiße (online) und kalte (offline) Lagerungsoptionen für Ihre Münzen.

Software-Wallets - Vorteile/Risiken

Eine Software-Wallet ist eine relativ einfache Methode. Sie speichern Ihren Schlüssel in einer Datei auf Ihrem Computer oder Telefon. Das ist bequem, aber wenn das Gerät verloren geht, ist auch der Schlüssel verloren, was bedeutet, dass Ihre Münzen verloren sind. Mit anderen Worten, es ist nur so sicher wie Ihr Gerät. Wenn Ihr Gerät gehackt wird und der Schlüssel durchgesickert ist, werden höchstwahrscheinlich auch Ihre Münzen gestohlen.

Online-Wallets - Vorteile/Risiken

Eine Online-Wallet ist ähnlich wie eine lokale Software-Wallet, aber sie befindet sich im Cyberspace. Eine Website speichert die Schlüssel und Sie melden sich an, um auf die Wallet zuzugreifen. Es ist bequem, man muss nichts installieren und es funktioniert auf mehreren Geräten.

Die Sicherheitsbedenken sind bekannt. Es ist anfällig, wenn die Website kompromittiert wird (intern oder extern). Seien Sie sich bewusst, dass Ihr(e) privater(e) Schlüssel auf einem anderen Server mit tausenden anderen Schlüsseln gespeichert werden, was Hacker dazu verleiten könnte, einen Angriff zu starten.

Papier- und Hardware-Wallets - Vorteile/Risiken

Eine PapierWallet druckt Ihre öffentlichen und privaten Schlüssel auf Papier und schließt das Papier ein. Eine PapierWallet ist zwar sicherer als die Online-Pendants, kann aber zerrissen, durch Wasser beschädigt, gestohlen oder auf andere Weise zerstört werden. Es ist wichtig, mehrere Kopien zu erstellen und diese sicher aufzubewahren.

Hardware-Wallets sind USB-förmige, eigenständige Geräte, die während einer Transaktion Schlüssel erzeugen. Sie müssen während der Transaktion an Ihren Computer angeschlossen sein. Die Wallets sind vor potenzieller Computer-Malware geschützt, da sie private Schlüssel offline, auf den Geräten selbst, generieren. Sie sind bequem und relativ einfach zu bedienen. Sie bieten Backup-Optionen, außerdem können sie mit einem Passwort gesichert werden, um Diebstahl zu bekämpfen. Insgesamt sind Hardware-Wallets die sicherere Option.

Bitcoin-Börsen

Exchanges akzeptieren Einzahlungen von Bitcoins (BTC) und Fiat-Währungen ($, €) mit dem Versprechen, diese bei Bedarf zurückzuzahlen. Sie ermöglichen es Kunden, Bitcoin-Zahlungen zu tätigen/empfangen, Bitcoins für Fiat-Währungen zu kaufen/verkaufen und Bitcoin-Käufer mit Verkäufern zusammenzubringen.

Ein Beispiel für eine übliche Transaktion: Mein Konto bei der Börse hat $5000 + 3 BTC, ich benutze die Börse, um 2 BTC für je $1000 zu kaufen, Endergebnis: mein Konto hat $3000 + 5 BTC.

Regulierungen: Banken vs. Börsen

Bei traditionellen Banken ist es typischerweise die Regierung:
- Legt Mindestreserveanforderungen fest
- Versichert Einlagen

Bei Börsen sind die Regelungen von Land zu Land sehr unterschiedlich. Es gibt jedoch einige, die sich das Vertrauen des Marktes verdient haben.

Bitcoin Geek Details

- 100 M *Satoshis* pro Bitcoin
- 21M Bitcoins insgesamt
- 1 MB(Megabyte*) pro Block, das sind etwa 7 Transaktionen pro Sekunde, bedenken Sie
VISA kann 2.000-10.000 Transaktionen pro Sekunde verarbeiten
- *Ein Megabyte ist eine Million Bytes an Informationen

KAPITEL 3:
Bitcoin-Mining

Der Mining-Prozess ist einer der Schlüssel zur Verhinderung von Betrug. Miner bestätigen die Authentizität der Bitcoin-Transaktionen, die in einem Block enthalten sind. Sie tun dies, indem sie die entsprechenden Daten jeder Transaktion nehmen und sie verwenden, um ein mathematisches Problem zu lösen. Die Lösung ist als "Hash" bekannt, eine kürzere eindeutige Ziffernfolge, die die wichtigen Transaktionsinformationen innerhalb des Blocks enthält. Die Miner werden im Gegenzug mit 12,5 Münzen für ihre Bemühungen belohnt.

Miner

Bitcoin-Miner treten dem Netzwerk bei, hören auf Transaktionen und validieren alle vorgeschlagenen Transaktionen. Sie berücksichtigen auch neue Blöcke, pflegen die Blockchain und wenn ein neuer Block vorgeschlagen wird, validieren sie ihn. Der Gesamtvorrat an Bitcoins beträgt 21 Millionen. Wenn sich die Regeln nicht ändern, sind sie im Jahr 2040 aufgebraucht.

Mining-Anforderungen und Hardware

Das Mining benötigt riesige Mengen an Strom! Dieser wird benötigt, um die Berechnungen 24/7, 365 Tage im Jahr durchzuführen. Der nächste Punkt auf der Liste sind die hohen Anforderungen an die Kühlung, die zum Schutz der Maschinen erforderlich ist. Die ideale Temperatur in Mining-Zentren liegt zwischen 15-25°C (59-77°F).

Hardware

Auf einem High-End-PC würde es Jahre dauern, einen Block zu finden, daher brauchen Sie etwas, das viel schneller ist. Bitcoin ASICs sind Bitcoin Mining Hardware. Sie übertreffen andere Plattformen für Bitcoin Mining in Geschwindigkeit und Effizienz. Bitcoin-ASIC-Chips können generell *nur für Bitcoin verwendet werden*. Mit ASIC-Chips sinkt die Zeit, die benötigt wird, um einen Block zu finden, erheblich. Sie sind so konzipiert, dass sie ein Leben lang konstant laufen, und sie erfordern auch erhebliche Fachkenntnisse.

Mining-Pools

Solo-Mining ist sehr schwierig. Selbst mit der neuesten Mining-Hardware könnten Sie, wenn Sie keinen Zugang zu unglaublich billigem Strom haben, am Ende Ihr ganzes Geld für Stromrechnungen ausgeben. Daher legen kleine Miner ihr Risiko zusammen und die Teilnehmer des Pools versuchen, Blöcke zu schürfen. Sie verteilen die Einnahmen (Transaktionsgebühren, zusammen mit neu geschaffenen Bitcoins) an die Mitglieder, basierend darauf, wie viel Arbeit sie geleistet haben, abzüglich der Gebühr des Poolmanagers.

Die ersten Pools tauchten 2010 auf und bis 2015 waren etwa 90 % des Minings poolbasiert. Heute dominieren jedoch große Mining-Zentren. Professionelle Mining-Zentren sind möglich, wenn die folgenden Bedingungen gegeben sind: billiger Strom, gutes Netzwerk und ein kühles Klima. Da sie rund um die Uhr an 365 Tagen im Jahr arbeiten, verbraucht ein größeres Mining-Center (20.000+ Maschinen), 40 Megawatt Strom pro Stunde, was dem durchschnittlichen Verbrauch von 12.000 Haushalten im gleichen Zeitraum entspricht. Sie können bis zu 40.000 $ pro Tag für Strom bezahlen, selbst mit den Rabatten, die sie normalerweise erhalten.

Mining-Block-Belohnungen

Derzeit machen die Block-Rewards den Großteil der Einnahmen der Miner aus. Es wird erwartet, dass in Zukunft Transaktionsgebühren werden dominieren. Die Bitcoin-Block-Mining-Belohnung halbiert sich alle 210.000 Blöcke, und die aktuelle Münzbelohnung wird von 12,5 auf 6,25 Münzen sinken.

KAPITEL 4:
Bitcoin-Community und Richtlinien

Ein Bitcoin Improvement Proposal (BIP) ist ein formaler Vorschlag für Änderungen an Bitcoin. Er beinhaltet technische Spezifikationen und die Basis dafür. Jeder auf der Welt kann einen BIP vorschlagen. Es liegt an der Bitcoin-Gemeinschaft aus Nutzern, Minern, Entwicklern und Investoren, abzustimmen und zu entscheiden, ob die Vorschläge umgesetzt werden oder nicht.

In der Bitcoin-Community werden die Regeländerungen der Core Developers standardmäßig befolgt. Was ist, wenn den Nutzern eine Regeländerung nicht gefällt? Sie können aussteigen oder von ihrem Recht Gebrauch machen, die Regeln oder die Software zu "forken". Ein Fork ist eine Änderung an der Software einer digitalen Währung, die zwei separate Versionen der Blockchain mit einer gemeinsamen Geschichte erstellt.

Soft & Hard Fork-Möglichkeiten

Soft Forks können zu neuen Signaturschemata und zusätzlichen Metadaten pro Block führen. Harte Forks können zu Änderungen der Größenbegrenzungen und Änderungen der Mining-Rate führen.

Eine Hard Fork ist eine permanente Divergenz in der Blockchain. Sie tritt auf, wenn nicht-aufgerüstete Nodes Blöcke nicht validieren können, die von aufgerüsteten Nodes erstellt wurden, die neueren Konsensregeln folgen. Ein Knoten ist ein Computer, der sich mit dem Bitcoin-Netzwerk verbindet.

Nach einer Hard Fork, wenn die Fork dazu gedacht war, einen Altcoin (alternative Währung) zu starten, geht der Altcoin seinen eigenen Weg, sie koexistieren. Wenn die Abspaltung einen Kampf um die Zukunft von Bitcoin widerspiegelt, dann kämpfen die Seiten um Marktanteile, um als der "echte Bitcoin" gesehen zu werden, einer gewinnt, der andere könnte verblassen. Im Fall von Bitcoin Cash koexistieren sie.

Beispiel für eine Hard Fork: Bitcoin Cash ist ähnlich wie Bitcoin, mit dem Unterschied, dass es die Größe eines Blocks von 1MB auf 8MB erhöht. Warum war dies notwendig? Wenn eine Transaktion es nicht auf einen Block schafft, der zur Validierung ins Netzwerk geschickt wird, muss sie warten, und das verlangsamt den Prozess. Die Erhöhung der Größe eines Blocks führt zu schnelleren Transaktionen.

Wer hat die Macht in Bitcoin?

Es gibt viele Meinungen darüber, wer die "echte" Macht in Bitcoin hat. Für den Moment werden wir mit dem Prinzip arbeiten, dass es darauf ankommt, wer den Kampf gewinnt, wenn sie sich nicht einigen können. Im Folgenden finden Sie eine kurze Beschreibung der verschiedenen Spieler.

Bitcoin-Power-Broker

Investoren – Sie bestimmen, ob Bitcoin einen Marktwert hat
Bitcoin Core-Entwickler - Sie schreiben das Regelwerk
Miner - Schreiben der Historie und Validieren von Transaktionen
Händler und ihre Kunden - Sie erzeugen die primäre Nachfrage und den langfristigen Preis für Bitcoins

Zusätzlich zu den oben genannten Akteuren gibt es die Bitcoin Foundation (gegründet 2012). Die Stiftung bezahlt Core-Entwickler und spricht mit Regierungen als Vertreter von Bitcoin.

KAPITEL 5:
Vorschriften

Die Regierungen sind sich des Bitcoins sehr wohl bewusst. Er erregt Aufmerksamkeit, weil er unauffindbares digitales Bargeld darstellt, das Kapitalkontrollen umgeht und Länder können den Bitcoin nicht daran hindern, dass Werte ein- oder auszuströmen.

Also kann niemand Bitcoin stoppen? Hmm...Bitcoin könnte durch Regulierung der Kommunikationsbetreiber verboten werden (Kommunikation unterliegt der Regulierung). Bitcoin ist eine Art von Internetverkehr, der wie jeder andere auch gestoppt werden kann. Wenn eine Regierung plötzlich entscheiden würde, dass niemand in ihrem Land auf Bitcoin zugreifen kann, könnten sie anordnen, dass die Telekommunikationsunternehmen den Zugang dazu sperren, indem sie Börsen und andere in ihrer Infrastruktur auf eine schwarze Liste setzen. China hatte diesen Meilenstein im Jahr 2017 geknackt indem es den Bitcoin verboten hatte. Kürzlich las ich von einem Unternehmen, das derzeit an einem globalen Satellitennetzwerk arbeitet, dass die Blockchain-Daten in jeden Winkel des Planeten übertragen wird, damit die Menschen Bitcoin ohne das Internet verwenden können.

Die erste Welle von Vorschriften

Die New York State BitLicense war ein Teil der ersten Welle von Regulierungen, die den Krypto-Markt getroffen haben. Wenn Ihr Geschäft mit New York oder einem Einwohner des Staates New York zu tun hat, muss jeder, der in einem der folgenden Bereiche tätig eine Lizenz beantragen:

- Übertragung von virtueller Währung
- Aufbewahren, Halten oder Verwahren oder Kontrollieren von virtueller Währung im Namen anderer
- Kauf und Verkauf von virtueller Währung als Kundengeschäft
- Durchführung von Börsendienstleistungen als Kundengeschäft
- Kontrollieren, Verwalten oder Ausgeben einer virtuellen Währung

Unerwünschte Nachteile

Unverfolgbare digitale Währung, hat leider eine Liste von unerwünschten Nebeneffekten. Es kann es leichter machen bestimmte Verbrechen zu begehen, z. B. Entführung, Erpressung, Steuerhinterziehung und den Verkauf illegaler Gegenstände. Ein Beispiel dafür war die skandalumwitterte Website Silk Road. Sie war von Februar 2011 bis Oktober 2013 in Betrieb. Sie war der größte Online-Markt für illegale Drogen. Die Zahlungen erfolgten in Bitcoins, und die Website verwahrte die Münzen zur Sicherheit, während die Waren verschickt wurden.

Ross Ulbricht war der Kopf hinter Silk Road. Er ging unter mehreren Pseudonymen, die bekanntesten waren "Frosty" und "Dread Pirate Roberts". "Er versuchte, seine Spur zu verwischen, aber die Behörden waren in der Lage, die Punkte zu verbinden. Er wurde im Oktober 2013 verhaftet und sitzt nun mit einer lebenslangen Haftstrafe im Gefängnis. Die Regierung beschlagnahmte 174.000 Bitcoins und sie wurden später öffentlich versteigert.

Die zwei Lektionen, die man daraus lernen kann, sind erstens, dass es schwierig ist, lange Zeit anonym zu bleiben. Die andere ist, dass es schwierig ist, aus dem Untergrund in die legale Wirtschaft zu wechseln, ohne die Aufmerksamkeit der Strafverfolgungsbehörden auf sich zu ziehen.

KAPITEL 6:
Handel mit Bitcoin und Altcoins

Kryptos bieten Volatilität, als Trader lieben wir das, es ist süße Musik für uns. Warum? Wenn Sie einen Handel platzieren und nichts passiert, dann haben Sie gerade den Spread an Ihren Broker für nichts bezahlt. Der Handel ist ein Geschäft (oder Sie sollten es als eines behandeln), damit Sie Ihre Kosten für die Transaktion (den Spread) wieder hereinbekommen, brauchen und wollen Sie Volatilität.

Gerüchte und Panik verstärken die Volatilität. Es kann auch eine extreme Empfindlichkeit gegenüber Nachrichten geben, 20 % tägliche Bewegungen sind **keine** Seltenheit. Im Herbst 2017 war die Volatilität, die wir gesehen haben, selbst für Krypto-Verhältnisse erstaunlich.

Vorteile

Es gibt in der Regel keine Mindesthandelsgrößen, im Gegensatz zum Handel mit Aktien, Rohstoffen oder Devisenkassa. Sie können auch Leerverkäufe tätigen, daher sind sowohl ein steigender als auch ein fallender Markt für Sie in Ordnung. Weitere Vorteile sind, dass Sie die Möglichkeit haben, direkt mit den Börsen zu handeln, Makler sind nicht zwingend erforderlich. Sie können rund um die Uhr handeln, das sind sogar mehr Handelsstunden als beim Spot-Forex. Offensichtlich ist die Liquidität nicht den ganzen Tag über gleich, einige Zeiten des Tages sind flüssiger als andere.

Day-Trading

Daytrading mit Vorsicht! Im Moment handeln Sie meist gegen unerfahrene Trader, aber die Szene ändert sich. Im Herbst 2017 wurde der erste europäische Bitcoin-Fonds in Frankreich aufgelegt. Es gibt auch Berichte über mehrere Hedge- und Privatfonds mit riesigen Ressourcen, die sich auf den Markteintritt vorbereiten.

Markt-Timing

Zum "perfekten Zeitpunkt" bei Bitcoin und Kryptowährungen einzusteigen ist unrealistisch. Mit rein technischer Analyse oder Fundamentaldaten werden Sie scheitern. Kaufen Sie bei Panikabstürzen, Aufschwünge nach Bitcoin-Panikabstürzen sind sehr profitabel gewesen. Eine Taktik, um mit der Volatilität umzugehen, ist die Einstellung von Preisalarmen für auffällige Preisbewegungen. Ich empfehle dringend, dass Sie schrittweise akkumulieren, Kryptowährungsreichtum braucht Zeit. Ignorieren Sie, so weit wie möglich, den Wildwest-Hype, der gerade im Gange ist. Wenn Ihre Krypto-Position eine 100% + Bewegung nach oben hat, nehmen Sie einige Gewinne. Wenn Sie keine bestehende Position hatten, kaufen Sie nach einem großen Ausbruch nach oben auf den Pullbacks. Die besten Gelegenheiten gibt es für die Informierten und weniger Emotionalen. Dies gilt vor allem in einer Arena mit Krypto-Händler, die mit Blick auf 40-50% Tropfen unerprobt sind.

Hebelwirkung

Hebelwirkung? Verwenden Sie mit Vorsicht und nur mit Unternehmen, die zuverlässige Stop-Losses anbieten. Bitcoin und Kryptos im Allgemeinen sind Vermögenswerte, die sich an manchen Tagen um 20-30% (in beide Richtungen) bewegen können, daher kann Ihr Konto leicht explodieren. Sie verlieren Geld, wenn Sie herausgenommen werden, und das kann leicht mit hohen Leverage passieren. Unterm Strich: bleiben Sie im Spiel und jedes langfristige Shorting ist mit extremer Vorsicht zu genießen . Denken Sie an all die "Tode" des Bitcoins.

Handel mit alternativen Währungen (Altcoins) & ICO's

- **Alternativwährungen (Altcoins)** Die vielen alternativen Währungen, die auf der Grundlage der Idee und/oder des Grundcodes von Bitcoin entstanden sind.
- **Initial Coin Offering (ICO)** ist eine Möglichkeit des Crowdfundings über Kryptowährung. **ICOs** verkaufen ein Eigentumsrecht oder Tantiemen an einem Projekt. Ein Coin in einem ICO ist ein Symbol für Eigentumsanteile an einem Unternehmen, ein digitales "Zertifikat". Wird oft mit einem **"Token-Verkauf"** verwechselt, der sich auf den Verkauf einer Beteiligung an einer Wirtschaft bezieht und den Investoren zu einem späteren Zeitpunkt Zugang zu den Funktionen eines Projekts gibt.

Bevor Sie handeln oder investieren, sollten Sie Folgendes beachten

Viele Altcoins sind nutzlos, die frühen Internet (.com) Tage lassen grüßen. Leider ist die Szene derzeit mit Betrügern gefüllt die es auf eifrige Anleger die auf der Jagd nach " Reichtum über Nacht" sind abgesehen haben. Wie navigiert man durch das Minenfeld? Suchen Sie nach den größten Gewinnern, gehen Sie dorthin, wo die Aktion ist, ABER diese Gewinne müssen mit Handelsvolumen unterstützt werden. Das Altcoin-Volumen muss 500.000 USD+ betragen (für Liquidität). Das ICO braucht ein gutes Wert-/Verkaufsargument. Was ist der Sinn der Münze? Welches Problem wird damit gelöst? Das Backing-Team muss auch erstklassig sein.

Einer der erfolgreicheren ICOs war Ethereum, sie sammelten Geld mit einem Token-Verkauf im Jahr 2014. Im Jahr 2017 haben mindestens 90 Initial Coin Offerings stattgefunden, die mehr als 1 Milliarde US-Dollar eingebracht haben. Im Dezember 2017 gab es außerdem über 1.200 digitale Währungen.

Denken Sie daran, dass bei ICOs niemand mit Sicherheit weiß, welches davon abheben wird. Wenn Sie in 5 investieren, gibt es eine sehr gute Chance, dass 3 bis 4 scheitern werden. Aber derjenige, der abhebt, bringt 10x oder mehr zurück. 10x bedeutet, dass wenn Sie $10mm investiert haben, Sie insgesamt $100mm generieren, wenn Sie verkaufen.

Ein kleiner Tipp: Bei ICO's oder einfachen Transaktionen, senden Sie Bruchteile der Zahlung, um Überweisungen zu testen. Üben Sie das Senden von .001 für die ersten paar Transaktionen, Sie können bis zu 8 Dezimalstellen mit Bitcoin gehen.

Sie sollten sich darüber im Klaren sein, dass viele der jüngsten, mit Risikokapital finanzierten Unternehmen ihre Produkte noch nicht auf den Markt gebracht haben. Darüber hinaus werden die vollen Einsatzmöglichkeiten von BTC und Altcoins gerade erst erforscht. Viele glauben, mit guten Gründen, dass Bitcoin im Wert von einer anderen Münze übertroffen werden wird. Ihre Grundlage ist, dass in der Technologie selten der Erstanbieter nach 5-10 Jahren der dominierende Spieler bleibt. Unterm Strich befinden wir uns in den frühen, frühen Tagen der digitalen Währungen.

ICO-BETRÜGERN AUF DIE SPUR KOMMEN!

Einige der besten Warnzeichen, dass Sie es mit Betrügern zu tun haben.

- Sie zu erreichen ist schwierig. Die Telefonnummern, die sie haben, können nicht durch eine einfache Websuche gefunden werden
- Das Whitepaper ist in der Regel kurz (unter 10 Seiten) und enthält grundlegende Grammatik- oder Rechtschreibfehler
- Die Qualität der Website ist gering oder sie haben einen kostenlosen Dienst zur Erstellung verwendet

- Ihre "Über uns"- und Registrierungsangaben sind fragwürdig oder fehlen
- Der CEO oder die Berater können nicht auf LinkedIn oder anderen professionellen Kanälen gefunden werden

KAPITEL 7:
Handelstaktiken

Hier werden wir die Hauptgründe untersuchen, warum Trader Geld verlieren, und vor allem werden wir die Lösungen erforschen.

Unrealistische Erwartungen: Es ist wichtig, dass man beim Einstieg in den Handel, wie bei vielen Dingen, eine realistische Vorstellung davon hat, womit man es zu tun hat. Unrealistische Erwartungen können sich darin äußern, dass jemand mit einem Mini-Trader-Konto von 1.000 oder vielleicht 2.000 USD anfängt und erwartet, über Nacht reich zu werden.

Sie können sogar mit 100 oder 200 Dollar beginnen, was in Ordnung ist. Es ist nichts falsch mit dem Betrag, aber die gleichen Händler bei 100 oder 200 Dollar erwarten innerhalb von ein paar Tagen 1.000 oder 2.000 Dollar in ihren Konten zu haben. Es gibt Firmen da draußen, die tatsächlich erwähnt oder sogar versprochen haben, dass sie das schaffen können. Ich sage zwar nicht, dass es unmöglich ist, aber ich sage, dass es unrealistisch ist. Es ist wichtig, dass Sie einen Sinn für die Realität in Ihrem Trading haben.

Kein Plan: Viele Leute sagen: "Wer nicht plant, plant zu scheitern". Mit einer Planung ist Ihr Trading auf Ihren Zeitrahmen und die Ergebnisse, die Sie erwarten, abgestimmt. Ein Handelsplan ist essentiell, denn ohne einen solchen stellen Sie sich selbst auf potentiell große Verluste ein. Ohne einen Plan hat es keinen Sinn, in den Handel einzusteigen.

Zu viel Risiko: Es könnte die Person sein, die 100 Dollar auf ihrem Konto hat oder sogar 100.000. Nicht der Betrag ist entscheidend, sondern der Betrag, den Sie im Verhältnis zu den verfügbaren Mitteln riskieren. Sie sollten von der Position ausgehen, dass ein "Scheitern überlebensfähig" ist. Dieses Konzept basiert auf der Idee, dass Ihre Verluste nicht katastrophal sein sollten. Zum Beispiel sollte jede Position nicht mehr als 5 oder 6% Ihres verfügbaren Risikokapitals verbrauchen. Das bedeutet auch, dass, wenn ein Leverage eingesetzt wird, es ein geringer Betrag sein sollte.

Trading mit Investieren verwechseln: In meinen Jahren als Banker habe ich unzählige Kunden gehabt, die ich immer wieder darauf hinweisen musste, dass sie die beiden nicht verwechseln sollten. Beim Trading geht es darum, kurzfristig Geld zu verdienen, es ist eine einkommensschaffende Tätigkeit, man geht in Trades rein und raus. Investieren ist langfristiger und hat normalerweise einen Zeitrahmen von mindestens einem Jahr. Es könnte sein, dass sich einige Ihrer Investitionsziele von Ihrem Trading ableiten, aber verwechseln Sie sie nicht. Es mag für einige einfach erscheinen, aber aus der Erfahrung der Beratung von Kunden weltweit gibt es immer noch viele, die Trading und Investment verwechseln.

Lösungen:
Es ist in Ordnung, über Probleme und Herausforderungen zu sprechen, aber natürlich müssen wir auch Lösungen haben.

Geringe Hebelwirkung: Um das Problem von zu viel Risiko zu vermeiden, ist eine bewährte Lösung die Verwendung eines niedrigen Hebels. Sie halten den Hebel niedrig, weil Sie dadurch Zeit zum

Nachdenken haben, effektiver reagieren können und nicht so empfindlich auf Veränderungen im Markt reagieren.

Scaling In Scaling Out: Scaling in Scaling out ist einer meiner Favoriten. Ich verwende es beim Investieren und auch bei meinem Trading. Scaling in scaling out, die Theorie dahinter ist, dass Sie dem Markt erlauben, Ihnen zu sagen, welchen Weg Sie gehen sollen, so einfach ist das. Ein Beispiel: Ich plane, 250 Altcoins von GCMS zu kaufen, nachdem ich meine technische und fundamentale Analyse gemacht habe. Wie fange ich an? Ich würde mit einer Position von 25 oder 50 Coins beginnen und mir vom Markt bestätigen lassen, ob ich auf dem richtigen Weg bin. Wenn ich GCMS-Münzen zu 100 Dollar gekauft habe und sie plötzlich auf 125 pro Münze springen, großartig, der Markt bestätigt, dass ich die richtige Entscheidung getroffen habe. In diesem Beispiel, wenn ich mit 25 Münzen begann, würde ich dann weitere 25 oder 50 hinzufügen und den Prozess wiederholen, bis ich mein Ziel von 250 Münzen erreicht habe.

Es gibt einige, die sagen könnten, dass ich bei der Bewegung von 100 auf 125 etwas verpasst habe, und das habe ich auch ein wenig, aber ich bin auch sicherer in meiner Entscheidung, weil ich geduldig war. Umgekehrt, um auf die Skalierung zurückzukommen, stellen wir uns vor, der Markt hätte sich gegen mich bewegt. Anstatt anfangs 250 Münzen im Risiko zu haben, wären es nur 25 gewesen. Offensichtlich gibt es einen Kompromiss, aber aus Erfahrung ist es zum Vorteil derjenigen, die in Einskalieren Ausskalieren.

Ein anderes Beispiel: Nehmen wir an, Sie haben 100 Münzen zu je 100 Dollar gekauft und der Preis fällt plötzlich auf 90. Was ich vorschlagen würde, anstatt alles sofort zu verkaufen, dass Sie erwägen, nur 25 oder 30 zu verkaufen, weil der Rückgang könnte aufgrund einer Überreaktion auf dem Markt sein. Es gibt mehrere Dinge, die im Spiel sein könnten, z.B. ein falsches Gerücht, wieder erlauben Sie dem Markt, Sie auf den richtigen Weg zu führen. Natürlich, wenn der Preis weiter fällt, dann entscheiden Sie sich für einen endgültigen Ausstieg, wenn er über Ihren mentalen Stop-Loss hinausgeht.

Handeln Sie liquide Märkte: Der Handel mit liquiden Märkten ist etwas, das ich nicht genug betonen kann. Eine Art long shot Handel (mit ultra-Risiko-Kapital) ist in Ordnung, solange Sie sich des Risikos bewusst sind. Für den regelmäßigen Handel sind die Kryptowährungen mit geringer Liquidität nach Kryptowährungsstandards jedoch nicht meine erste Wahl. Liquidität ist kritisch, vor allem als Händler, ein Investor ist nicht so zeitempfindlich, aber wenn Sie handeln, wo Sie möglicherweise plötzliche Bewegungen machen müssen, wollen Sie flüssige Kryptowährungen halten.

Liquidität, um ganz klar zu sein, ist die Fähigkeit, mit Leichtigkeit in den Handel ein- und auszusteigen. In einem Handel zu sein und Papiergewinne zu haben, ist wunderbar. Wenn es jedoch an der Zeit ist, die Papiergewinne in reale Gewinne umzuwandeln, und wenn Sie nicht in der Lage sind, dies zu tun, dann ist es ein schlechter Scherz, da Sie nur zuschauen können, nicht sehr schön. Auf der anderen Seite, wenn Sie in einem Verlust sind und nicht in der Lage sind, diese Position zu verlassen, wird es zu einem Albtraum. Es ist mir egal, wer

Tipps gibt, oder welchen Blog Sie lesen, Sie müssen flüssige Kryptowährungen handeln, es gibt keinen anderen Weg.

Kryptowährungen auswählen: Wählen Sie ein paar aus und lernen Sie sie gut kennen. Wie Sie sich vorstellen können, handelt kein Trader 600 verschiedene Coins auf einmal. Viele Leute beginnen mit Kryptos, indem sie die bekanntesten handeln, Bitcoin, Ethereum, zum Beispiel. Nach einer Weile, wenn Sie ein paar ausgewählte Kryptos handeln, werden sie Ihnen vertraut werden und Sie werden ein tieferes Gefühl dafür bekommen, wie sie sich bewegen.

KAPITEL 8:
Alles zusammenfügen

Trader müssen ein System haben. Wir werden die verschiedenen Aspekte eines Handelssystems untersuchen und miteinander verbinden.

Handelsplattform: Die Auswahl Ihrer Handelsplattform ist wichtig, denn die Plattform ist das Vehikel, mit dem Sie den Handel betreiben. Da der Handel online stattfindet, ist es wichtig, dass Sie eine Plattform verwenden, die zu Ihrem Stil passt. Es könnte eine sein, die entweder Multi-Asset ist oder eine, die eher grundlegend ist. Sie sollten den Anbieter hinter der Plattform kennen. Bei Kryptowährungen haben Sie die Möglichkeit, entweder eine Handelsplattform zu nutzen oder direkt mit einer Börse zu handeln. Es tauchen regelmäßig neue Börsen auf dem Markt auf und je nach Land müssen Sie vorsichtig sein. Ich schlage vor, dass Sie eine Empfehlung von einem Freund oder einem vertrauenswürdigen Krypto-Berater erhalten.

Ziele: Ohne Ziele ist es wirklich schwierig, mit dem Trading zu beginnen. Die Analogie, die ich gehört habe und gerne verwende, in Bezug auf Ziele, ist, dass es ohne ein Ziel das Äquivalent wäre, zu einem Bahnschalter zu gehen und einfach zu sagen "Geben Sie mir eine Fahrkarte!" und natürlich würde man Sie fragen "eine Fahrkarte wohin?" Kurzfristige Ziele können monatliche oder wöchentliche Gewinnziele sein, sie sind individualisiert. Ziele müssen zu Ihrem Stil und der Höhe des Risikokapitals, das für den Handel zur Verfügung steht, passen.

Langfristige Ziele sind oft mit Ihrer Anlagestrategie verbunden. Sie sind auch mit Ihren kurzfristigen Zielen verbunden, denn die langfristigen

Ziele sollten auf den kurzfristigen Gewinnzielen basieren. Es muss eine Übereinstimmung geben, denn wenn Sie ein Wochenziel von 100 Dollar und ein Monatsziel von 1.000 haben, dann gibt es eine Diskrepanz, die angegangen werden muss.

Mentale Vorbereitung: Sie müssen psychologisch auf den Handel vorbereitet sein. Wenn Sie im Begriff sind zu handeln und angespannt oder nervös sind, dann müssen Sie sich eine Auszeit nehmen. Gehen Sie meditieren, machen Sie etwas Sport, tun Sie etwas anderes, aber es ist wichtig, dass Sie nicht handeln, bis Sie psychologisch bereit sind. Beim Handel müssen Sie die Einstellung haben, die Dinge nicht persönlich zu nehmen. Entfernen Sie Emotionen aus dem Handel, das Ziel ist einfach, Geld zu verdienen.

Kennen Sie Ihre Risikotoleranz: Wie viel sind Sie bereit, bei jedem Handel zu riskieren? Es ist wichtig, sich an die goldene Regel Nummer eins der Trader zu erinnern: "Kein Bargeld, kein Handel. "Es spielt keine Rolle, was Ihnen irgendjemand erzählt, wenn es kein Bargeld gibt, gibt es keinen Handel und das muss ernst genommen werden. Dies hängt mit Ihrer Risikotoleranz zusammen. Wenn Sie zum Beispiel ein Barguthaben von 10.000 USD haben und 1% riskieren wollen, beträgt der Betrag 100 Dollar. Das bedeutet, dass von Ihrem Risikokapital, unabhängig davon, was Sie handeln, wenn Sie Ihren Stop-Loss setzen (mental oder auf einer Plattform), dieser 100 USD nicht überschreiten sollte.

Gehen Sie Ihrer Sorgfaltspflicht nach: Ein neuer Tag hat begonnen und Ihr Computer ist eingeschaltet, was ist über Nacht passiert? Was ist auf den Kryptomärkten passiert? Sie sollten sich der Nachrichten bewusst sein, die über Nacht herauskamen und noch wichtiger, wie die Märkte darauf reagiert haben. Manchmal, was in der Theorie gute Nachrichten sein sollten, können die Märkte mit einer negativen Reaktion überraschen.

Wie Sie Ihren Einstiegspunkt wählen: Wenn Sie Ihre Einstiegspunkte kennen, haben Sie einen guten Grund für jeden Handel, den Sie ausführen. Wenn Sie keinen guten Grund haben, schlage ich vor, dass Sie die Mittel nehmen und sie einer Wohltätigkeitsorganisation übergeben. Bei der Auswahl Ihrer Einstiegspunkte brauchen Sie ein gutes Risiko-Ertrags-Verhältnis und dieses sollte Ihrer Risikotoleranz entsprechen. Die technische/fundamentale Analyse wird ebenfalls in Betracht gezogen. Die Unterstützungs- und Widerstandsniveaus, Nachrichten, sind alle wesentlich, bevor Sie einen Handel ausführen. Wenn Sie mit Kryptowährungen handeln, müssen Sie wissen, wo sich die Unterstützungs- und Widerstandslinien für den Zeitrahmen befinden, in dem Sie handeln.

Kennen Sie Ihre Exit-Levels: Was ist Ihr Gewinnziel, sind es tausend Dollar oder ein paar? Dessen müssen Sie sich bewusst sein. Wenn Sie Stopps setzen, um Verluste zu kontrollieren, müssen Sie als erstes sicherstellen, dass sie innerhalb Ihrer Parameter liegen. Genauso wie bei Ihrem Einstiegslevel sollten Sie die Fundamentalanalyse, Unterstützungs- und Widerstandsniveaus und eine weitere goldene Regel der Trader kennen: "Begrenzen Sie Ihre Verluste und lassen Sie die Gewinne laufen." Viele Trader sagen, dass sich die Gewinne von selbst erledigen, aber Sie müssen die Verluste im Auge behalten.

Führen Sie ein Journal: Das ist vielleicht nicht für jeden etwas, aber ich verwende es, um meinen Handel aufzuzeichnen. Es beinhaltet mehrere Dinge, wo ich in den Handel eingestiegen bin, mein Exit-Level und warum ich dachte, dass der Handel eine gute Idee war, als ich ihn einging. Bei der Durchsicht Ihres Journals werden Sie anfangen, Muster zu erkennen, wenn es welche gibt. Sie können entweder ein Muster entfernen, das nicht funktioniert, oder eines ausbauen, das funktioniert. Dies hilft Ihnen bei der Feinabstimmung Ihrer Trades.

Überprüfen Sie Ihre Ergebnisse: Überprüfen Sie Ihren Gewinn oder Verlust für den Tag. Das ist wichtig, denn obwohl der Handel Spaß machen kann, ist er ein Geschäft und es geht darum, einen Gewinn zu erzielen. Wenn Sie bei der Überprüfung Ihres Gewinns/Verlusts feststellen, dass er nicht dem entspricht, was Sie beabsichtigt hatten, ist es Ihre Pflicht, herauszufinden, warum. Sie müssen auch wissen, was hinter Ihren guten Ergebnissen stand. Vielleicht war es reines Glück, und wenn das der Fall war, großartig, aber Glück ist normalerweise keine nachhaltige Strategie für den Handel. Ich würde vorschlagen, so wie ich es bei meinem Trading mache, Ihr Tagebuch zu überprüfen. Waren es Marktnachrichten? Oder war es die Größe der Positionen? Diese Faktoren können die Ergebnisse beeinflussen.

Übergang vom Demo- zum Live-Handel

Tipps für einen erfolgreichen Übergang von einem Demo- zu einem Live-Handelskonto (dies sind keine Anlagetipps). Dies sind einige der Punkte, die in den Kursen, die ich unterrichte, besprochen werden. Erstens: Realistische Einzahlungsbeträge. Die meisten Demokonten geben Ihnen eine große Menge an virtuellem Geld, mit dem Sie handeln können, aber Sie müssen nicht alles verwenden. Tatsächlich ist es besser, wenn Sie den gleichen Betrag an virtuellem Geld verwenden, mit dem Sie auch Ihr Live-Konto finanzieren würden. Auf diese Weise bekommen Sie eine viel bessere Vorstellung davon, wie es sich anfühlen wird, mit diesen Beträgen zu verlieren oder zu gewinnen, sowohl mental als auch physisch. Wenn Sie vom Handel mit Hunderttausenden von Dollar im Demomodus zum Handel mit fünf oder zehntausend im Live-Modus übergehen, wird es sich ganz anders anfühlen, und Sie werden keine Geldmanagement-Strategie entwickelt haben, die mit diesen Beträgen funktioniert. Wenn Sie also 5.000 Dollar zum Handeln haben, üben Sie mit 5.000 Dollar auf Ihrem Demokonto.

Der nächste Punkt ist die realistisch zu erwartende Handelsgröße. Wie bei den Finanzierungsniveaus müssen Sie im Demomodus Trades von ähnlicher Größe machen, wie Sie sie vernünftigerweise im Live-Modus erwarten könnten. Dies gewährleistet Parität mit der Strategie, die Sie im Live-Modus verwenden werden. Sie werden einen viel sanfteren Übergang haben. Wenn Sie vorhaben, mit Ihrem finanzierten Konto mit kleinen Beträgen zu handeln, handeln Sie im Demomodus mit kleinen Beträgen, damit Sie wissen, worauf Sie sich in Bezug auf die Hebelwirkung einlassen (wenn Sie diese nutzen).

Profitables Handeln: Wenn Sie im Demohandel jede Woche Verluste machen, dann ist es unklug, zum Live-Handel zu wechseln, da Sie dabei Ihr echtes Geld verlieren werden. Sie können zwar nicht erwarten, jeden Tag einen Gewinn zu machen, aber Sie sollten am Ende jedes Monats einen Gewinn erzielen, bevor Sie den Wechsel zu einem Live-Konto in Betracht ziehen.

KAPITEL 9:
Werkzeugkasten für die kryptotechnische Analyse

Der wichtigste Punkt, um mit technischer Analyse Geld zu verdienen, ist das Erkennen des Trends und das Handeln mit ihm. Trends zeigen Ihnen, wo sich die Preise in der Zukunft am ehesten befinden werden. Wenn der Trend einer Kryptowährung nach oben geht, dann müssen Sie die Kryptowährung kaufen, um Geld zu verdienen. Wenn der Trend einer Kryptowährung nach unten geht, müssen Sie die Kryptowährung verkaufen, um zu profitieren. Wenn der Trend eines Kryptos seitwärts verläuft, ohne klare Richtung, müssen Sie entweder bedingte Aufträge (keine Trades) platzieren oder warten, bis sich ein klarer Trend nach oben oder unten etabliert hat, bevor Sie handeln. Es wird nicht empfohlen, den Trend zu bekämpfen, wenn Sie sich dafür entscheiden, wird es in den meisten Fällen eine teure Erfahrung für **Sie sein**.

Trends bewegen sich normalerweise nicht direkt nach oben oder unten. Sie bewegen sich in der Regel für eine gewisse Zeit in eine Richtung und kehren dann vorübergehend einen Teil der vorherigen Bewegung um, bevor sie wieder in die ursprüngliche Richtung weitergehen. Jedes Mal, wenn ein Krypto zurückgeht und sich in die entgegengesetzte Richtung zu bewegen beginnt, bildet er ein neues Hoch oder ein neues Tief. Zum Beispiel bilden sich bei Kryptos neue Hochs, wenn ein Krypto sich nach oben bewegt und dann umdreht und sich nach unten bewegt. Neue Tiefs bilden sich, wenn sich ein Krypto nach unten bewegt und dann umdreht und sich nach oben bewegt. Die Identifizierung dieser Hochs und Tiefs ermöglicht es Ihnen zu erkennen, ob sich ein Krypto in einem Aufwärtstrend, einem Abwärtstrend oder einem Seitwärtstrend befindet.

Aufwärtstrends – Märkte, die sich in einem Aufwärtstrend befinden, bilden eine Reihe von höheren Hochs und höheren Tiefs.

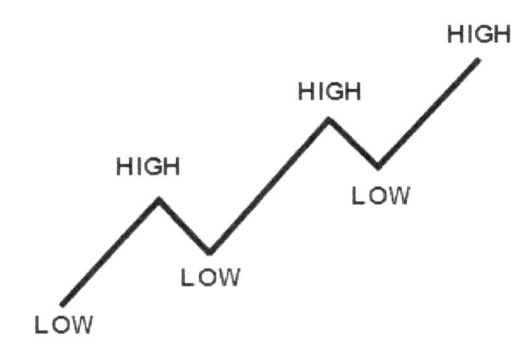

Abwärtstrends – Märkte, die abwärts tendieren, bilden eine Reihe von niedrigeren Hochs und niedrigeren Tiefs.

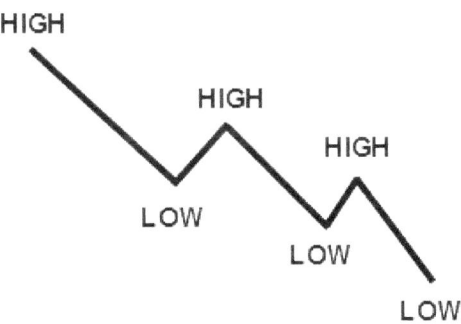

Seitwärtstrends – Eine Kryptowährung, die seitwärts tendiert, bildet eine Reihe von Hochs, die ungefähr auf demselben Preisniveau liegen, und eine Reihe von Tiefs, die ungefähr auf demselben Preisniveau liegen.

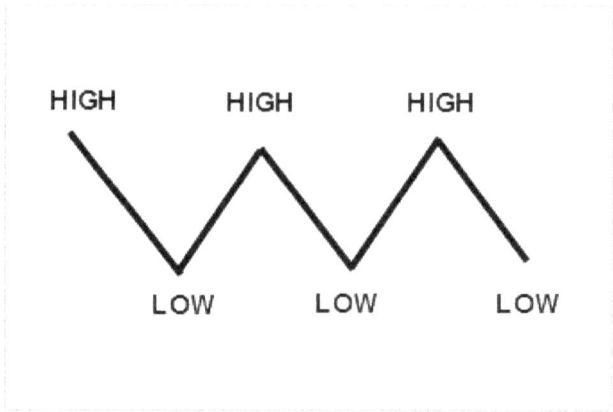

Trends - Ob Aufwärtstrends, Abwärtstrends oder Seitwärtstrends, Trends können sich über verschiedene Zeiträume bilden. Die verschiedenen Trends über jeden Zeitrahmen zu identifizieren und in der Lage zu sein, sie in Ihrer Analyse auszurichten, ist entscheidend für Ihren Erfolg als Trader.

Definieren eines Candlestick-Charts

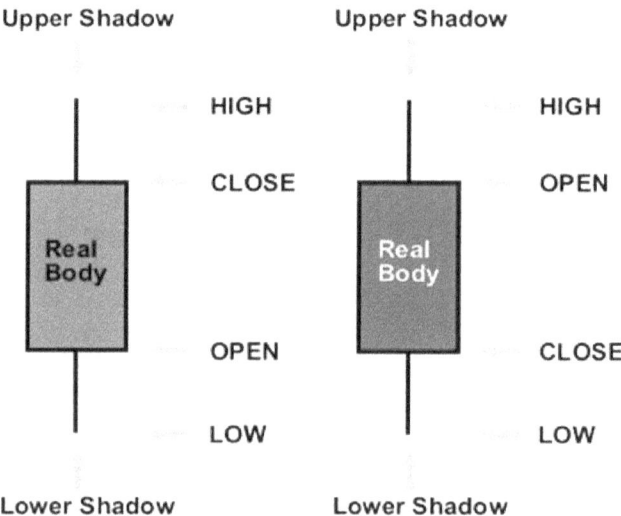

Beginnen wir mit der Definition eines Candlesticks. Eine Kerze ist eine Linie auf einem Chart, die einen Punkt darstellt und den Höchst-, Tiefst-, Eröffnungs- und Schlussstand für jede Periode anzeigt. Wenn wir z. B. ein Tagesdiagramm haben, repräsentiert jede Kerze einen Tag und zeigt den Höchst-, Tiefst-, Eröffnungs- und Schlusskurs für diesen Tag an. Auf vielen Plattformen bedeutet eine rote Kerze, dass der Schlusskurs niedriger ist als der Eröffnungskurs für diese Periode. Eine grüne Kerze bedeutet, dass der Schlusskurs höher ist als der Eröffnungskurs für diesen Zeitraum.

Indikatoren für die technische Analyse

Wir werden einen Blick auf die Indikatoren Gleitende Durchschnitte, RSI und Bollinger Bands werfen. Erstens ist die Gleitende Durchschnitte, und sie sind nützlich, weil sie es einfacher machen, einen Trend zu erkennen. Dies ist der Schlüssel mit Währungen, Kryptowährungen oder einige der Derivate, wo ein Aufwärtsmarkt und ein Abwärtsmarkt für uns gut ist. Daher ist alles, was wir tun müssen, diesen Trend zu identifizieren oder zu erkennen. Zur Veranschaulichung: Ein gleitender Fünfzig-Tage-Durchschnitt addiert die Schlusskurse der letzten fünfzig Tage, teilt sie durch fünfzig und zeichnet für jeden Tag einen Punkt in den Chart.

Diagramm des gleitenden Durchschnitts

Lassen Sie uns einige grundlegende Einstellungen mit dem gleitenden Durchschnittsindikator überprüfen. Wenn wir Einstellungen auf einem Chart von MA zehn, MA fünfzig haben, dann ist zehn der kurzfristige, fünfzig ist der langfristige. Wenn nunr der kürzere gleitende Durchschnitt über dem längeren liegt, wird der Trend als aufwärtstrend betrachtet. Wenn der kürzere gleitende Durchschnitt unter dem längeren gleitenden Durchschnitt liegt, dann wird der Trend als abwärts betrachtet. Wenn Sie auf einem Chart sehen, dass die zehn unter die fünfzig, in diesem Beispiel die langfristige, bricht, könnte das als erstes Zeichen eines Verkaufssignals gewertet werden.

Bei gleitenden Durchschnitten werden die Kauf- und Verkaufssignale durch das Kreuzen des Preises über oder unter der gleitenden Durchschnittslinie erzeugt. Es gibt einen Begriff, den Sie oft hören werden, wenn Sie mit Leuten aus der technischen Analyse zu tun haben, er heißt "*Goldenes Kreuz*" und bedeutet, dass der kurzfristige

Kurs über den langfristigen bricht. Das Beispiel, das wir haben, ist zehn und fünfzig, aber es hätte auch zwanzig und dreißig, fünfzehn und siebzehn sein können, es hängt vom Trader und dem Instrument ab, das er gerade handelt.

Relative Stärke Index

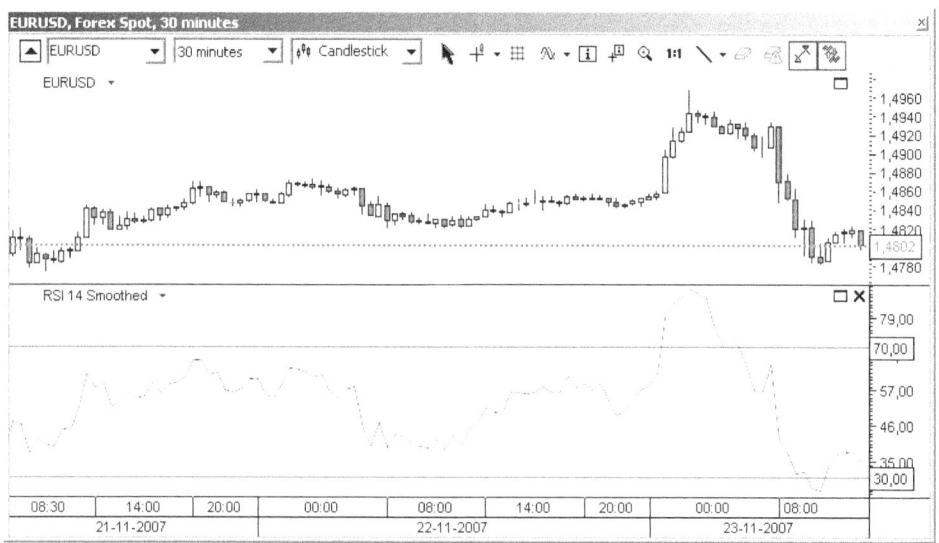

Der RSI, der Relative Strength Index, wird verwendet, um zu erkennen, ob der Markt (Aktie, Währung, Kryptowährung, etc.) überkauft oder überverkauft ist. Er wird als vorlaufender Indikator eingestuft, weil er beginnt, Signale zu geben, bevor der Trend begonnen hat. Er hat einen Index von null bis hundert.

Das RSI-Diagramm ist unter dem EURUSD-Chart sichtbar. Der RSI stimmt mehr oder weniger mit dem überein, was auf dem Chart passiert und das sollte er auch. Werte unter dreißig deuten darauf hin, dass der Markt möglicherweise überverkauft ist, und wenn Sie den

Begriff überverkauft sehen oder hören, bedeutet dies übermäßige Verkäufe. Werte über siebzig deuten darauf hin, dass der Markt überkauft sein könnte, was übermäßige Käufe bedeutet. Beachten Sie, dass es sich hierbei um Indikationen handelt, die keine Garantie für irgendetwas sind. Beachten Sie, dass der Markt für eine beträchtliche Zeitspanne überkauft oder überverkauft bleiben kann.

Bollinger Bänder

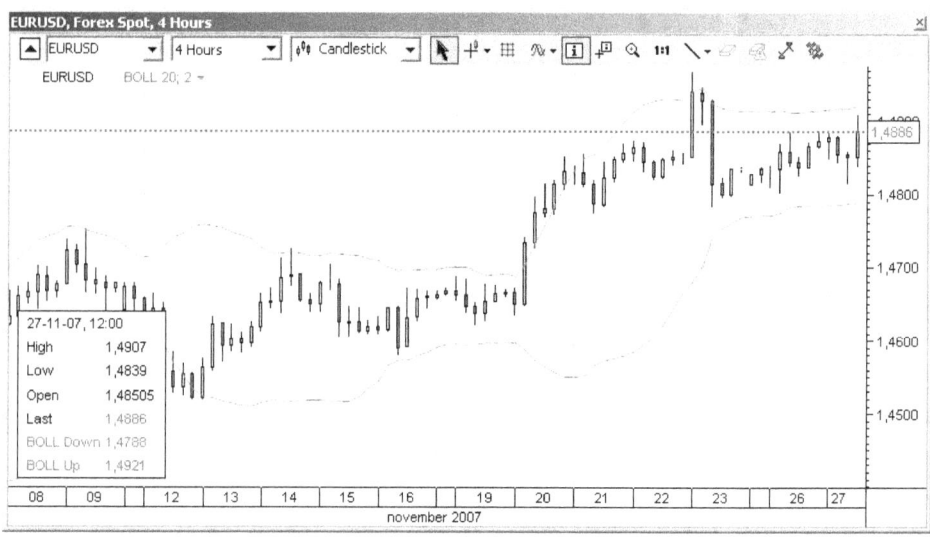

Bollinger Bänder sind ein Werkzeug, das viele Investoren und Trader verwenden, wenn sie verschiedene technische Analyseaspekte zu den offenen Trades hinzufügen möchten. Sie werden verwendet, um die Marktvolatilität zu messen. Die Bänder definieren die oberen und unteren Grenzen der Handelsspanne. Wenn Sie sich die Bänder in einem Chart ansehen, haben Sie ein oberes und ein unteres Band. Der Raum zwischen dem oberen und dem unteren Band wird als Kauf-Verkaufs-Kanal bezeichnet. Sie verwenden den Raum zwischen den

Bändern, um eine Vorstellung davon zu bekommen, wo Sie sich innerhalb der Handelsspanne befinden. Wenn Sie sich in der Nähe des oberen Bandes befinden, wissen Sie, dass Sie sich in der Nähe des Widerstandsniveaus befinden und das Potenzial für eine Preisumkehr besteht (der Markt kehrt die Richtung um). Wenn Sie sich am Boden befinden, wissen Sie, dass Sie sich in der Nähe des Unterstützungsniveaus befinden und dort eine potenzielle Preisumkehr stattfindet. In den meisten Fällen bleiben die Preise zwischen den Bändern. Wenn der Preis beginnt, auszubrechen, nehmen viele Händler dies als ein Signal, also müssen Sie sich dessen bewusst sein.

Verstehen von Unterstützungs- und Widerstandsniveaus

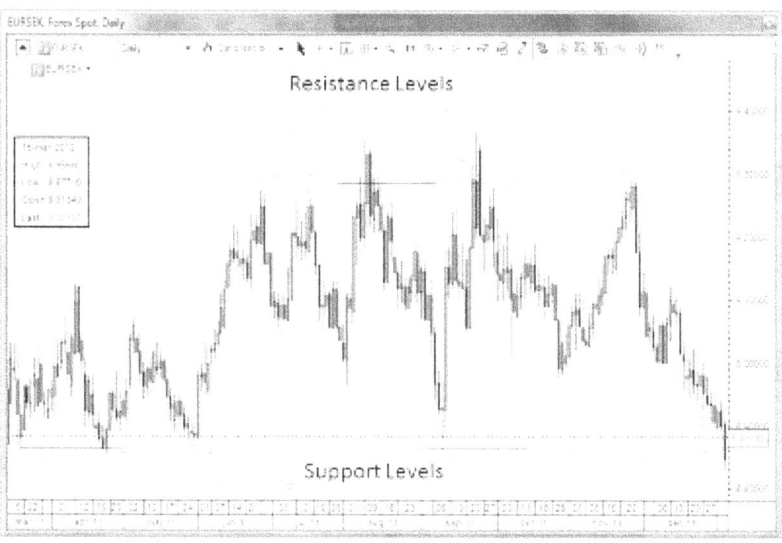

Das Unterstützungsniveau ist das Preisniveau, unter das das gehandelte Instrument in der Vergangenheit nur schwer gefallen ist. Wenn wir zum Beispiel eine Unterstützung bei 1,4380 haben, können

Sie auf einem Diagramm sehen, dass der Markt dieses Niveau (1,4380) mehrmals erreicht hat, ohne tiefer zu fallen, so dass dies im Jargon der technischen Analyse als Unterstützungsniveau betrachtet wird. Das Widerstandsniveau ist genau das Gegenteil, das Preisniveau, bei dem das Instrument in der Vergangenheit Schwierigkeiten hatte, darüber zu handeln.

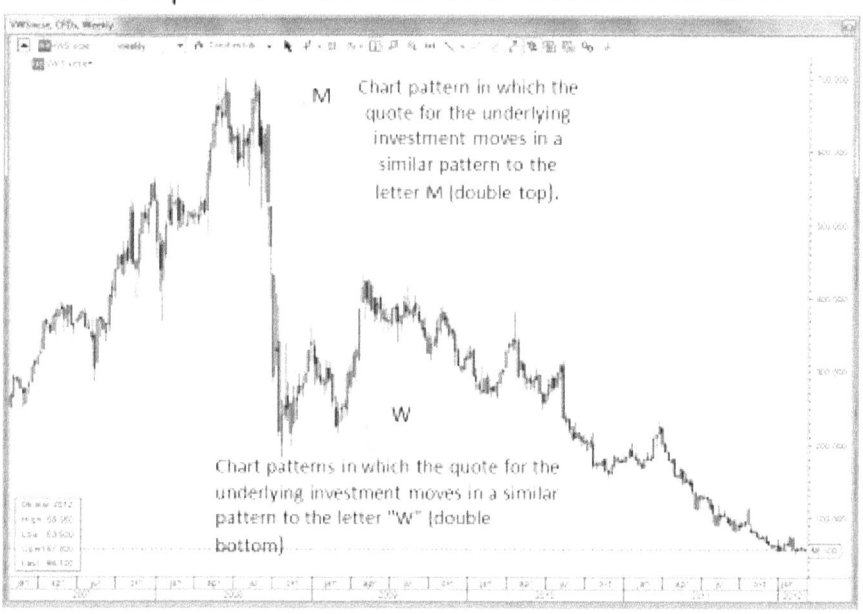

Chart-Muster "W" Double Bottom oder "M" Double Top

Dies sind Chartmuster, bei denen sich der für das Instrument notierte Preis in einem Muster bewegt, das dem Buchstaben "W" (Double Bottom) oder "M" (Double Top) ähnelt. Double Top- und Bottom-Muster werden in der technischen Analyse verwendet, um Bewegungen in einer Aktie, Kryptowährung oder anderen Investitionen zu erklären, und können als Teil einer Handelsstrategie verwendet werden, um wiederkehrende Muster auszunutzen. Ein Double Top und ein Double Bottom sind beides Trendumkehrmuster.

Ein **Doppelboden** tritt in der Regel nach einem starken Abwärtstrend auf und zeigt an, dass ein Aufwärtstrend unmittelbar bevorstehen könnte. Die "Böden" sind Täler, die sich bilden, wenn der Kurs auf ein bestimmtes Unterstützungsniveau trifft, das nicht durchbrochen werden kann. Nachdem der Kurs dieses Niveau erreicht hat, prallt er leicht davon ab, bevor er zurückkehrt, um das Niveau erneut zu testen. Wenn der Kurs ein zweites Mal von der Unterstützung abprallt, haben Sie eine doppelte Bodenbildung. Wenn der zweite Boden das Tief des ersten nicht durchbrechen kann, dann ist dies ein starkes Signal, dass eine Umkehrung stattfinden wird. Eine "Halslinie" wird auf dem Hoch zwischen den beiden "Böden" gezogen. Bei einem doppelten Boden könnten Sie daran denken, Ihren Kaufauftrag oberhalb der "Halslinie" zu platzieren, weil Sie erwarten, dass sich der Trend nach oben ändert.

Ein **Doppeltop** bildet sich normalerweise nach einem ausgedehnten Aufwärtstrend und zeigt an, dass ein Abwärtstrend bevorstehen könnte. Die "Tops" sind Spitzen, die sich bilden, wenn der Preis auf ein bestimmtes Widerstandsniveau trifft, das nicht durchbrochen werden kann. Nachdem er dieses Niveau erreicht hat, prallt der Preis leicht davon ab, kehrt dann aber zurück, um das Niveau erneut zu testen. Wenn der Preis wieder von diesem Niveau abprallt, dann haben Sie ein Doppeltop. Wenn das zweite Top das Hoch des ersten Tops nicht brechen kann, dann ist das ein starkes Signal, dass eine Umkehrung stattfinden wird. Eine "Halslinie" wird am Tiefpunkt zwischen den beiden "Tops" gezogen. Bei einem doppelten Top könnten Sie daran denken, Ihren Short- (Verkaufs-) Einstiegsauftrag unterhalb der "Halslinie" zu platzieren, da Sie eine Trendänderung nach unten erwarten.

KAPITEL 10:
Die häufigsten Argumente gegen Bitcoin und Kryptos – mit Antworten

Kreditkarten und Bargeld werden von den meisten Händlern akzeptiert, aber Bitcoin hat wenig Akzeptanz:

Zurzeit ist dies größtenteils wahr, aber die Realität ändert sich. Es gibt jetzt mehr als 150.000 Händler weltweit, die Bitcoin als Zahlungsmethode akzeptieren. Anfang 2014 wurde overstock.com der erste große Einzelhändler, der Bitcoin akzeptiert. Andere Firmen, die Zahlungen akzeptieren, sind Subway, Wordpress, Virgin Galactic, Reddit, Wikipedia, Shopify, OKCupid, Amazon, Paypal und Ebay. Es gibt noch mehr, Ende November 2017 sagte eine der Big Four Wirtschaftsprüfungsgesellschaften, PricewaterhouseCoopers, dass sie eine Zahlung in Bitcoin für ihre Beratungsleistungen akzeptiert.

Ein wichtiger Punkt, den man im Auge behalten sollte, ist, dass Kryptowährungen keine Fiat-Währungen sind. Sie werden nur ähnlich wie ein Fiat, wenn eine Regierung sagt, sie sind gesetzliches Zahlungsmittel. Wenn das passieren würde, dann ja, Ihr lokales Fahrrad oder Kaffee-Shop müsste sie akzeptieren, wann immer Sie sie ausgeben wollen.

Die Regierungsmächte geben ihre Kontrolle über das Geld nicht kampflos auf. Sie werden die Kryptowährungen zerschlagen:

Die Möglichkeit und das Risiko eines staatlichen Eingriffs besteht, aber es gibt keine wachsende Bewegung, dies zu tun. Ein paar Länder haben sie verboten und ihre Preise und Akzeptanz in der Öffentlichkeit ist nur gewachsen. Selbst unter den Verboten sind nur bestimmte Aktivitäten verboten worden, zum Beispiel ICOs.

Bitcoin und andere Kryptowährungen profitieren von First-Mover-Vorteilen, aber wie sieht es mit der zukünftigen Konkurrenz aus?

Wir brauchen nicht auf die Zukunft zu warten, die Konkurrenten existieren bereits. Bislang ist der Marktwert der Top-First-Mover-Kryptos nur gestiegen. Die beliebtesten Kryptos werden hauptsächlich zum Speichern oder Wachsen von Vermögen verwendet. Mit anderen Worten: Viele Menschen kaufen Kryptos einfach deshalb, weil sie erwarten, dass der Preis steigen wird. Der Wettbewerb bietet den Menschen mehr Optionen, aber er hat keinen der Top-Player zerstört. Nur weil zum Beispiel ein neues Unternehmen an der Börse notiert ist, bedeutet das nicht automatisch, dass seine Konkurrenten zusammenbrechen werden. Viele Anleger ziehen es einfach vor, zu diversifizieren.

KAPITEL 11:
Was in naher Zukunft zu erwarten ist

ch habe absichtlich nahe Zukunft gesagt, denn langfristige Aussagen über Kryptos zu machen, ist meiner Meinung nach ein Irrweg.

Weniger ICO-Wahnsinn

Der ICO-Wahnsinn wird etwas von der irrationalen Goldrausch-Mentalität verlieren und wir werden eine verbesserte Selbstkontrolle der aktuellen Akteure auf dem Markt sehen. Die Öffentlichkeit und die staatlichen Aufsichtsbehörden haben Grenzen, was sie tolerieren werden.

Relevante Vorschriften

Der Handel mit Bitcoin und anderen Kryptowährungen bleibt weitgehend unreguliert. Ich wurde kürzlich auf die Anzahl der Behörden aufmerksam gemacht, die Zuständigkeit für Kryptowährungen beanspruchen. Dies ist nur in den Vereinigten Staaten allein: das Finanzministerium FinCEN, die Securities and Exchange Commission, und das Internal Revenue Service (IRS). Die Geschichte wird noch bizarrer, denn es gibt nicht einmal eine Einigung unter den Regulierungsbehörden darüber, was ein Bitcoin ist. Zum Beispiel behandelt das IRS es als Eigentum und die Commodity Futures Trading Commission sagt, es ist eine Ware. Für Marktteilnehmer bringt dies Verwirrung auf ein neues Niveau. Trotz der Verwirrung ist es notwendig, diesen wachsenden Markt angemessener zu regulieren, um das Vertrauen der breiteren Privatkunden und institutionellen Märkte zu erhöhen. Dies sollte auch eine schnelle und harte Bestrafung für diejenigen beinhalten, die sich an Fehlverhalten beteiligen.

Was wird erwarten können

Was ich sehnsüchtig in der nahen **Krypto-Zukunft erwarte.**

1-Börsen werden sowohl die Sicherheit als auch ihre Kapazität zur Bewältigung von Nachfragespitzen verbessern. Auch wenn Krypto-Börsen nicht dem gleichen Maß an Kontrolle unterliegen wie traditionelle Börsen, wird es in Zukunft immer schwieriger werden, dieses Sicherheitsthema zu umgehen. Denn in der Krypto-Landschaft gibt es genug traurige Geschichten von Hackerangriffen, bei denen Millionen gestohlen wurden. Keine Region der Welt darf mit dem Finger zeigen. Es passiert im Osten und es passiert auch im Westen, sowohl bei großen als auch bei kleinen Exchanges. Im Gegensatz zu Guthaben auf Ihrer Hausbank gibt es im Falle eines Hackerangriffs auf Ihr Konto bei einer Börse nur sehr wenige Möglichkeiten, Ihr Guthaben wiederzuerlangen, und zum jetzigen Zeitpunkt gibt es keine Versicherung. Jeder weiß, dass Hacker auf einer engagierten Jagd nach Kryptowährungskonten sind, daher muss die Verteidigung aufgerüstet werden. Die internen Bedrohungen sind eine weitere potentielle Quelle von Kopfschmerzen, sie reichen von Insider-Handel zu anderen finanziellen Fehlverhalten von Mitarbeitern.

Mehrere der regulierten und größeren Börsen knickten unter der Nachfrage nach neuen Konten während der jüngsten Marktexplosionen ein. Dieses Mal werden sie verschont, aber wie oft werden die Öffentlichkeit oder die Machthaber noch so nachsichtig sein?

2- Im Herbst 2017 wurden Bitcoin-Futures eingeführt und es wird interessant sein zu sehen, wie sich das entwickelt. Die Öffentlichkeit hat nach einem stärker regulierten Markt gefragt, und beim Handel an einer Futures-Börse dreht sich alles um Regulierungen. Dies ist auch das erste Mal, dass Bitcoin-Händler ihre Position in einem regulierten Markt absichern können. Sie können nun die andere Seite im Markt einnehmen, indem sie short gehen.

3- Mehr Münzen, die die Notwendigkeit für Miner eliminieren. Derzeit wird der Großteil des Bitcoin-Minings von einer Handvoll Firmen durchgeführt. Keine marktgesunde Situation, da sie diesen Einfluss auf unerwünschte Weise nutzen können.

4- Verbesserungen bei der Geschwindigkeit von Transaktionen scheinen die Aufmerksamkeit vieler Brancheneinflussnehmer zu erregen. Selbst für Bitcoin-Fans kann die relativ langsame Geschwindigkeit einer Routinetransaktion ein Problem darstellen. Es gibt mehrere Kryptowährungen, die sich diesen Herausforderungen stellen und ich bin gespannt, wie sich ihre Geschichten entwickeln.

Bitcoin und Kryptowährungen haben sich weit von den Tagen entfernt, als sie meist mit Kriminellen in Verbindung gebracht wurden. Jetzt gibt es sowohl ein breiteres und positiveres öffentliches Bewusstsein. Bitcoin-Termingeschäfte werden sogar von namhaften Wall-Street-Firmen abgewickelt, etwas, über das man vor nicht allzu langer Zeit noch gelacht hätte. Damit der Fortschritt so weitergeht, wie ich es dargelegt habe, braucht es weniger Hype, relevante Regulierungen und mehr Sicherheit sowie Transparenz seitens der Börsen. Diese

Vorschläge werden meiner Meinung nach dafür sorgen, dass Kryptowährungen als Anlageklasse über die Phase der Early Adopters hinauswachsen.

FAZIT

Danke, dass Sie es bis zum Ende von *Der definitive Leitfaden zur Beherrschung von Bitcoin & Kryptowährungen* geschafft haben. Wir hoffen, es war informativ und konnte Ihnen die Werkzeuge an die Hand geben, die Sie benötigen, um Ihre Ziele beim Handel mit Kryptowährungen zu erreichen und Geld zu verdienen. Der nächste Schritt ist es, Ihre Fähigkeiten beim Handel zu testen und Ihr Risikokapital aufzubauen. Dies wird Ihnen die Motivation geben, die Sie brauchen, um erfolgreich zu sein. Ich habe mehrere andere Bücher über verschiedene Aspekte des Handels und der Anlageklassen, bitte schauen Sie sich diese an!

PROFIL DES AUTORS

Wayne Walker ist der Gründer von GCMS, einer führenden Kapitalmarktbildungs- und Beratungsfirma (gcmsonline.info). Er ist eine Autorität auf dem Gebiet des Kryptowährungshandels und der Ausbildung. Neben der Einführung des ersten Cryptocurrency-Trainingskurses in Nordeuropa ist er auch ein viel gelesener Autor und Gastjournalist bei Cryptcoin.news, einer der führenden Stimmen in der Branche. Diejenigen, die es mit dem Handel und der Investition in Kryptowährungen ernst meinen, werden ermutigt, GCMS zu kontaktieren.

GRUNDLEGENDES
BITCOIN-VOKABULAR

Blockchain: Ist eine **öffentliche** Aufzeichnung/Ledger von Bitcoin-Transaktionen in chronologischer Reihenfolge. Die Blockchain wird von allen Bitcoin-Nutzern geteilt. Sie wird verwendet, um die Dauerhaftigkeit von Bitcoin-Transaktionen zu verifizieren und um Doppelausgaben zu verhindern.

Block: Ist <u>ein Datensatz in der Blockchain</u>, der wartende Transaktionen enthält und bestätigt wird. Im Durchschnitt wird etwa alle 10 Minuten ein neuer Block mit Transaktionen durch Mining in der Blockchain erstellt.

Genesis-Block: Dies ist der allererste Block, der erstellt wurde und der Beginn der Blockchain.

Hash-Rate: Ist die Maßeinheit für die Rechenleistung des Bitcoin-Netzwerks. Das Bitcoin-Netzwerk muss zu Sicherheitszwecken intensive mathematische Operationen durchführen. Als das Netzwerk eine Hash-Rate von 10 Th/s erreichte, bedeutete dies, dass es 10 Billionen Berechnungen pro Sekunde durchführen konnte.

Mining: Ist der Prozess, bei dem Computerhardware mathematische Berechnungen für das Bitcoin-Netzwerk durchführt, um Transaktionen zu bestätigen und die Sicherheit zu erhöhen. Als Belohnung für ihre Dienste können Bitcoin-Miner Transaktionsgebühren für die Transaktionen, die sie bestätigen, zusammen mit neu erstellten Bitcoins sammeln. Mining ist spezialisiert und wettbewerbsfähig, die Belohnungen werden danach aufgeteilt, wie viel Berechnung gemacht wird.

Bestätigung: Bestätigung bedeutet, dass eine Transaktion vom Netzwerk verarbeitet wurde und es sehr unwahrscheinlich ist, dass sie rückgängig gemacht wird. Transaktionen erhalten eine Bestätigung, wenn sie in einen Block aufgenommen werden und somit in jedem nachfolgenden Block enthalten sind. Schon eine einzige Bestätigung kann bei Transaktionen mit geringem Wert als sicher angesehen werden, obwohl es bei größeren Beträgen wie 1000 US$ sinnvoll ist, auf mehrere Bestätigungen zu warten.

Doppeltes Ausgeben: Wenn ein böswilliger Benutzer versucht, seine Bitcoins an zwei verschiedene Empfänger gleichzeitig auszugeben, handelt es sich um eine doppelte Ausgabe. Bitcoin-Mining und die Blockchain sind dazu da, einen Konsens im Netzwerk darüber zu schaffen, welche der beiden Transaktionen bestätigt und als gültig angesehen wird.

Privater Schlüssel: Ist ein geheimer Datensatz, der Ihr Recht, Bitcoins von einer bestimmten Wallet auszugeben, durch eine kryptografische Signatur nachweist. Ihre privaten Schlüssel sind auf Ihrem Computer gespeichert, wenn Sie eine Software-Wallet verwenden; sie sind auf einigen Remote-Servern gespeichert, wenn Sie eine Web-Wallet verwenden. Private Schlüssel dürfen niemals preisgegeben werden, da sie Ihnen erlauben, Bitcoins für ihre jeweilige Bitcoin-Wallet auszugeben.

Signatur: Eine kryptographische Signatur ist ein mathematischer Mechanismus, der es jemandem erlaubt, den Besitz zu beweisen. Im Fall von Bitcoin sind eine Bitcoin-Wallet und ihr(e) privater Schlüssel durch mathematische Magie miteinander verbunden. Wenn Ihre Bitcoin-Software eine Transaktion mit dem entsprechenden privaten Schlüssel signiert, kann das gesamte Netzwerk sehen, dass die Signatur mit den ausgegebenen Bitcoins übereinstimmt. Es gibt jedoch keine Möglichkeit für die Welt, Ihren privaten Schlüssel zu erraten, um Ihre Bitcoins zu stehlen.

Wallet: Eine Bitcoin-Wallet ist grob gesagt das Äquivalent eines physischen Geldbeutels im Bitcoin-Netzwerk. Die Wallet enthält Ihren privaten Schlüssel, mit dem Sie die Bitcoins ausgeben können, die ihr in der Blockchain zugewiesen sind. Jede Bitcoin-Wallet kann Ihnen den Gesamtsaldo aller Bitcoins, die sie kontrolliert, anzeigen und lässt Sie einen Betrag an eine bestimmte Person auszahlen.

Cold Storage: Dies ist der Prozess des Verschiebens Ihrer Bitcoins in eine Offline-Wallet. Der Vorteil dabei ist, dass sich niemand in Ihren Computer hacken und Ihre privaten Schlüssel stehlen kann, wenn Ihr Computer nicht mit einem Netzwerk verbunden ist. Bitcoins müssen wieder aus dem Cold Storage geholt werden, um wieder ausgegeben oder übertragen zu werden.

Adresse: Eine Bitcoin-Adresse ist eine eindeutige Zeichenfolge aus 27-34 alphanumerischen Zeichen. Eine Adresse kann mit Hilfe einer Wallet frei erstellt werden und beginnt immer mit einer 1 oder einer 3.

Alternative Währungen: Die vielen verschiedenen alternativen Währungen, die auf der Grundlage der Idee und/oder des Grundcodes von Bitcoin entstanden sind. Ein paar der bemerkenswerteren sind Litecoin, IOTA und Ripple.

Fork: Ein "Fork" ist eine Änderung an der Software der digitalen Währung, die zwei getrennte Versionen der Blockchain mit einer gemeinsamen Geschichte erzeugt. Forks können temporär sein oder sie können eine permanente Spaltung im Netzwerk sein, die zwei getrennte Versionen der Blockchain erzeugt. Wenn dies geschieht, werden auch zwei verschiedene digitale Währungen erstellt.

DDOS: Kurz für "Distributed Denial of Service". Ein gut getimter DDoS-Angriff auf Börsen während volatiler Bewegungen kann verheerend sein, da Händler nicht in der Lage sind, eine Order manuell auszuführen und ihren voreingestellten Orders ausgeliefert sind.

*Infografik aus Kapitel 2 wurde von CB Insights erstellt.

www.ingramcontent.com/pod-product-compliance
Lightning Source LLC
Chambersburg PA
CBHW070445220526
45466CB00004B/1772